Mit dem Maulwurf durchs Jahr

Mit Bildern von Zdeněk Miler
nacherzählt von Hanna Sörensen

Heute ist ein herrlicher Tag für ein Picknick! Jeder hat etwas mitgebracht. Und so türmen sich die Leckereien auf der kleinen Wiese im Wald.

»Ach, im Sommer ist es am schönsten«, schwärmt der Hase und knabbert an seiner Möhre. »Es ist so warm. Und wie es duftet! Ich könnte den ganzen Tag an den Blumen schnuppern.«
»Und was ist mit dem Herbst?«, fragt der Igel. »Den finde ich am besten, denn da kann ich immerzu im weichen Laub kuscheln.«
»Also ich liebe den Frühling!«, ruft die Maus. »Wenn überall die Vögel zwitschern. Aber der Winter ist auch toll.«
Alle schauen den Maulwurf an. Der hat ja noch gar nichts gesagt!
»Und welche Jahreszeit magst du am liebsten?«, fragt der Igel gespannt.

»Öhm …« Der Maulwurf kratzt sich am Kopf. »Das weiß ich gar nicht.«
»Waaas?«, rufen die Maus, der Hase und der Igel. »Du musst dich aber entscheiden!«
»Hmmm …« Der Maulwurf überlegt. »Wisst ihr was? Ich schaue mir alle Jahreszeiten genau an«, schlägt er vor. »Danach sage ich euch, welche mir am besten gefällt.«
»Abgemacht!«, rufen die anderen.

Der Maulwurf fängt gleich an! Jeden Tag planscht er im Wasser und macht tolle Ausflüge auf dem Fluss.

Von früh bis spät spielen der Maulwurf und seine Freundinnen und Freunde im Wald. Denn im Sommer ist es nicht nur schön warm, sondern auch ganz lange hell. Und wenn sie hungrig sind, gibt es überall Sommerfrüchte – zum Beispiel die leckeren roten Walderdbeeren.

Mit der Zeit werden die Tage wieder kürzer und die Nächte dafür länger. Ein kühler Wind weht durch den Wald. Und es regnet! Doch das macht gar nichts. Alle kuscheln sich unter dem großen Schirm eng aneinander und warten einfach, bis es wieder trocken ist.

In den Zweigen und zwischen den Blättern der Bäume weben Spinnen ihre Netze. Der Maulwurf staunt, wie wunderbar sie im Herbstlicht schimmern.
Nun wird es Zeit, Vorräte für den Winter anzulegen. Der Maulwurf füllt seine Höhle mit lauter köstlichen Vorräten.

Der Herbstwind lässt die Blätter fliegen und auch das Obst fällt von den Bäumen. »Diese Birne ist für die Maus«, ruft der Maulwurf.

Doch als er sie in ihrer Höhle besucht, bekommt er einen Schreck. Die Maus hat Schnupfen! »Der heiße Tee macht dich gesund«, sagt der Maulwurf und bleibt so lange bei der Maus, bis es ihr wieder besser geht.

Ein paar Wochen später sind alle Bäume kahl. Die Nächte sind nun sehr lang. Es ist kalt draußen, und als der Maulwurf eines Morgens aus der Höhle kommt, erwartet ihn eine Überraschung. In der Nacht hat es geschneit! Der Maulwurf tobt mit den anderen Tieren durch den Schnee. Sie fahren Schlitten, machen Schneeballschlachten und bauen Schneemänner, Schneefrauen und Schneetiere.

Bald ist auch schon Weihnachten. In der Adventszeit haben der Maulwurf und seine Freundinnen und Freunde viel zu tun. Sie backen Plätzchen – und probieren reihum, wer dieses Jahr die besten Kekse hat. Sie bringen einander auch kleine Geschenke vorbei. Selbst gebastelt, natürlich!

Für wen dieser Korb wohl ist?

Den Weihnachtsabend verbringen alle zusammen draußen im Schnee. Sie schmücken einen Tannenbaum und feiern gemeinsam Weihnachten. Mit Geschenken, Kerzen und vielen Liedern!

Nach und nach werden die Tage wieder länger. Die ersten Frühlingsblumen blühen. Viele Vögel kehren aus ihrem Winterquartier zurück. »Toll, dass ihr wieder da seid«, begrüßt der Maulwurf sie. Und wie schön sie zwitschern! Überall entdeckt der Maulwurf ihre Nester.

Begeistert saust der Maulwurf auf Rollschuhen durch den Wald. Es gibt so viel zu entdecken! Und überall werden kleine Tiere geboren. Sie sind genauso neugierig wie der Maulwurf.

Der Maulwurf bereitet mit seinen Freundinnen und Freunden das erste Picknick des Jahres vor. »Und?«, fragen die anderen neugierig. »Was ist nun deine liebste Jahreszeit?« Der Maulwurf strahlt. »Meine liebste Jahreszeit …«, ruft er, »… sind einfach alle!«